AF313238

28 Janvier 1895.

V

CATALOGUE

DES

ARMES OFFENSIVES ET DÉFENSIVES

COIFFURES ET COSTUMES

MODÈLE DE NAVIRE

COMPOSANT LA

COLLECTION DE M. C. ANDRÉ Fils

de Besançon

VENTE : HOTEL DROUOT, SALLE N° 7

Le Lundi 28 Janvier 1895, à 2 heures

EXPOSITION PUBLIQUE

Le Dimanche 27 Janvier 1895, de 1 h. 1/2 à 5 h. 1/2

COMMISSAIRE-PRISEUR

EXPERT

Mᵉ BARTAUMIEUX | M. B. LASQUIN

Rue Saint-Honoré, 281 | Rue Laffitte, 12

PARIS — 1895

IMPRIMERIE MAULDE et RENOU

A. MAULDE & Cie

IMPRIMEURS DE LA COMPAGNIE DES COMMISSAIRES-PRISEURS

Rue de Rivoli, 144. — Paris

CONDITIONS DE LA VENTE

La vente aura lieu au comptant.

Les acquéreurs paieront CINQ POUR CENT en sus des enchères.

L'exposition mettant le public à même de se rendre compte de l'état des objets, il ne sera admis aucune réclamation l'adjudication prononcée.

Le présent Catalogue est la reproduction de celui qui avait été dressé par M. V. PROST, de Dijon, en 1889.

A. MAULDE et Cie, imprimeurs de la Compagnie des Commissaires-Priseurs, rue de Rivoli, 144.   200—47805

DÉSIGNATION

CASQUES ET CUIRASSES

1 — Un casque en fer gravé, dit Morion, époque de Charles IX.

2 — Un casque et une cuirasse de carabiniers, 1835.

3 — Un casque et une cuirasse à taille, cuirassiers de la garde impériale, 1854.

4 — Un casque d'officier de pompiers, 1845, belle dorure.

5 — Un casque d'officier de dragons suisses, 1880.

6 — Un casque anglais, cuirassiers de la garde, 1854.

7 — Un casque à chenille, dragons suisses, 1860.

8 — Un casque de trompette, dragons français, 1880.

9 — Un casque de dragons badois, 1870.

10 — Un casque de cavalerie légère, en drap bleu, 1875.

11 — Un chapska de lanciers anglais, 1845. — Un casque de pompiers de Paris, Empire. — Un shako suisse, en drap. — Un casque de dragons bavarois.

ARMES ANCIENNES

12 — Epée espagnole, en fer, une branche, croisière formant doubles quillons, pas-d'âne; armes d'Espagne, sur la lame, avec inscription : *Viva Carlos III, rey de Espana*.

13 — Une épée hongroise, fin du xvie siècle ; quillons doubles retroussés en forme de croissant; coquille pleine, cannelée, rabattue sur la lame, inscription: *Inri*.

14 — Une épée wallonne, xviie siècle, quatre branches, coquilles en passoire ajourées.

14 *bis* — Deux vieilles épées de combat.

ÉPÉES

LOUIS XIV

15 — Une épée, pommeau, branche, croisière et coquille ajourés, lame colichemarde.

16 — Une épée, à une branche, pas-d'âne et coquille, le tout richement ciselé.

RÉGENCE

17 — Une épée en fer ciselé, une branche, coquilles, lame dite colichemarde, gravée.

19 — Une épée, une branche, pas-d'âne, pommeau et coquilles ajourées et ciselées, lame triangulaire.

LOUIS XV

21 — Une épée de ville en acier bleui, incrustation d'or.

22 — Une épée à une branche, pas-d'âne, coquilles, lame plate en Damas.

24 — Une épée en fer ciselé, une branche, pas-d'âne, coquilles garnies de trophées, lame triangulaire.

LOUIS XVI

25 — Une épée en acier poli, pommeau à facettes, fusée en filigrane d'or, une branche, sur la coquille trophées en or découpé et ciselé, à trois couleurs; lame longue, triangulaire.

26 — Une épée à pommeau ovoïde et cannelé, coquilles en plateau, lame colichemarde.

27 — Une épée à pommeau cannelé, coquilles en plateau, lame triangulaire.

28 — Une épée de cour en fer doré et ciselé, bouquets de fleurs en relief sur le pommeau, la branche et la croisière; lame gravée, triangulaire (très belle pièce).

29 — Une épée à pommeau ovoïde et cannelé, fusée en bronze doré coulée d'une seule pièce, coquilles en plateau.

PREMIER EMPIRE

30 — Une épée d'officier de la garde impériale, 1810.

31 — Une épée de fonctionnaire.

32 — Une épée de fonctionnaire, pommeau à tête de chien, coquille rabattue sur la lame, sur le champ un Mercure assis et divers attributs.

RESTAURATION

33 — Une épée d'officier, une branche, pommeau à casque, fusée en filigrane d'argent, coquille aux armes de France, lame triangulaire et bleuie.

33 *bis* — Une épée à une branche.

34 — Une épée d'officier d'infanterie, pommeau sphérique, une fleur de lys en relief sur la coquille.

34 *bis* — Une épée à une branche.

35 — Une épée d'officier de cavalerie.

36 — Une épée de page, première Restauration, une branche, pas-d'âne, coquilles, le tout ciselé et doré; lame triangulaire, armes du roi et ornements finement gravés (belle pièce).

37 — Une épée d'officier de pompiers, 1852.

38 — Deux épées de combat en fer ciselé.

SABRES DE CAVALERIE

EN CUIVRE ET EN BRONZE DORÉ

LOUIS XVI

39 — Un sabre de hussards, une branche, pommeau à tête de léopard, lame timbrée aux armes d'Autriche, 1789.

40 — Un sabre d'officier de dragons, cinq branches, garde en palmette ajourée, contre-garde, quillon droit, pommeau en calotte; lame droite et plate, inscription sur la lame : *Vaincre ou mourir*.

41 — Un sabre de cavalerie légère, une branche ajourée formant garde, rinceau sur la croisière, calotte à queue, lame demi-courbe.

42 — Un sabre d'officier d'état-major, garde à une seule branche avec médaillon au centre, calotte plate, oreillons en forme de losanges, fusée en ivoire ; sur la lame : *L'union fait la force*, fourreau en cuivre ciselé et doré, trois étoiles en relief sur les bracelets.

RÉPUBLIQUE

43 — Un sabre d'officier de volontaires nationaux, garde à trois branches, grenade découpée au centre ; fusée en cuivre doré d'une seule pièce, surmontée d'un casque antique ; fourreau en cuir, bracelets dorés.

44 — Un sabre d'officier de hussards, une branche, fourreau en cuivre.

CONSULAT

45 — Un sabre d'officier de grenadiers à cheval, garde à cinq branches, palmette ajourée, grenade au centre, fourreau en cuivre et cuir monté sur bois.

46 — Un sabre d'officier de cavalerie, quatre branches cannelées, lame droite, fourreau en acier.

47 — Un sabre d'officier de cavalerie légère, une branche, quillon droit, oreillons recouvrant le fourreau, fusée en ébène, pommeau à calotte, fourreau en cuivre, ornements courants gravés sur le tout.

48 — Un sabre d'officier d'état-major, forme orientale, fusée en corne grise, croisière et oreillons d'une seule pièce, quillons en olives, fourreau en acier poli, bracelets en cuivre doré et ciselé.

EMPIRE

49 — Un sabre d'officier de cavalerie légère (Espagnols au service de la France) ; garde à une branche coudée carrément sur la croisière, oreillons ovoïdes, quillon en volute, calotte à queue en forme de volute au pommeau ; lame ajourée complètement bleuie et striée d'or, fourreau et bracelets en cuivre.

51 — Un sabre de cavalerie légère (Suisses au service de la France), garde à trois branches, pommeau en calotte et à tête de léopard, fourreau en cuivre.

52 — Un sabre d'officier de dragons, garde à cinq branches, palmette ajourée, pommeau plat en calotte et à pans,

fusée en corne, fourreau en cuir, bracelets échancrés et à filets, en bronze doré.

53 — Un sabre de cavalerie légère, une branche, quillon droit, les garnitures du fourreau sont en fer.

RESTAURATION

54 — Un sabre d'officier de cavalerie légère, trois branches dorées et ciselées, fourreau en acier, bracelets en cuivre avec trophées d'armes.

55 — Un sabre d'officier de dragons, cinq branches, palmette ajourée, pommeau en calotte, quillon droit, lame droite à deux gouttières.

56 — Un sabre d'officier de cavalerie légère, garde à trois branches dorées et ciselées, pommeau en calotte à tête de léopard, fourreau en acier, bracelets ciselés et dorés.

57 — Un sabre de cavalerie de ligne, quatre branches, fourreau en fer, modèle 1823.

58 — Un sabre de gardes du corps du roi, 1re Restauration garde en cuivre doré, timbrée et couronnée aux armes de France; calotte à queue, fusée recouverte en peau de requin, fourreau en cuir, bracelets en cuivre doré, lame gravée et fleurdelysée.

59 — Un sabre de gardes du corps du roi Charles X, comme le précédent, mais le fourreau est en acier avec chape en cuivre doré et ciselé, l'embout se termine en bouton plat.

60 — Un sabre d'officier de gendarmerie, Restauration, garde à quatre branches et palmette, pommeau en calotte fleurdelysée, fourreau en acier, lame droite à deux gouttières comme les officiers de dragons.

61 — Un sabre hongrois, forme orientale, croisière et oreillons d'une seule pièce, fusée en corne noire, fourreau en cuivre, garniture en argent, lame en damas.

62 — Un sabre d'officier de cavalerie, garde à cinq branches dorées et ciselées, au centre une plaque rayonnante timbrée aux armes de France, calotte ciselée à queue, lame droite, unie, avec inscription : *Vive le Roi.*

63 — Un sabre de cavalerie de ligne, quatre branches, lame droite, fourreau en acier.

64 — Un sabre d'aide-de-camp, forme orientale, fusée en col de cygne, croisière et oreillons d'une seule pièce, fourreau en cuir, garnitures en cuivre doré.

TROISIÈME EMPIRE

65 — Une latte de cent-gardes, garde à quatre branches, rainure sur le dos de la poignée pour recevoir la directrice de la carabine, lame longue et droite, fourreau en acier (la carabine existe dans la collection).

SABRES ÉTRANGERS

MEXIQUE

66 — Un sabre d'officier (fabrique anglaise), garde à trois branches en cuivre doré, armes du Mexique sur la garde, fusée en peau de requin, calotte à queue, lame longue et étroite, légèrement cintrée vers la flèche, gravures à l'eau-forte, fourreau en cuir rouge mat, bracelets et anneaux en cuir tressé et repoussé, 1866.

67 — Un sabre d'officier mexicain, forme orientale (fabrique anglaise), fusée en ivoire, croisière et oreillons d'une seule pièce, pommeau à tête de léopard retenant la chaînette qui forme garde, fourreau en acier, bracelet en cuivre doré aux armes mexicaines, 1866.

68 — Un sabre court, poignée en corne garnie de plaques d'acier, une branche, petit quillon recourbé, large oreillon en forme de palmette et en fer gravé et ajouré recouvrant la chape du fourreau, lame droite à trois gouttières avec inscription, traduction : *Ne me tire pas sans raison, ne me remets pas sans honneur*, fourreau et bracelets en cuir rouge mat.

69 — Un sabre de cavalerie, garde en acier à trois branches plates, petits oreillons, calotte à queue, fusée garnie de cuir, lame plate, inscription comme ci-dessus.

70 — Un sabre même modèle que le précédent.

71 — Un sabre, poignée en corne garnie de plaques d'acier ciselé, une branche, quillon très recourbé sur le fourreau, oreillon en palmette gravé et ajouré recouvrant la chape

du fourreau : lame large demi-courbe, fourreau en cuir rouge avec ornements repoussés, têtes de mort, os en sautoir, etc.

ANGLETERRE

72 — Un sabre d'officier anglais, 7e fusiliers, 1850, poignée en cuivre doré et ciselé, fourreau en cuir, garnitures en cuivre doré.

RUSSIE

73 — Un sabre de cuirassiers de la garde russe, grande latte, garde en cuivre à sept branches, large coquille en corbeille, lame triangulaire, fourreau en acier, longueur de la lame : 1 mètre 35 cent.

74 — Un sabre d'officier de cavalerie égyptienne, 1855, garde en cuivre chargée d'ornements en volutes, lame droite, fourreau en acier.

75 — Un sabre forme orientale, fusée en col de cygne, oreillons et croisière en acier poli d'une seule pièce, fourreau en cuir, garnitures en acier poli.

76 — Un sabre de cosaques réguliers, 1813, une branche plate, croisière, oreillons en fer d'un seul morceau, calotte à queue, lame courbe et large, fourreau en fer, bracelets d'une seule pièce.

ALLEMAGNE

77 — Un sabre de sous-officier de dragons prussiens, 1870, une branche en tôle d'acier forment garde et quillon, fourreau en acier.

78 — Un sabre d'officier de hussards prussiens, garde à cinq branches plates en fer poli, calotte à queue, fourreau en acier.

79 — Deux sabres-baïonnettes prussiens, lame droite, 1870.

SUISSE

80 — Un sabre de cavalerie suisse; branche, garde et quillon en tôle d'acier ajourés, un pan creux sur la lame.

81 — Un sabre d'officier de cavalerie suisse, dragons, garde ajourée en tôle d'acier, fourreau en acier.

82 — Un sabre de cavalerie suisse, garde en tôle d'acier.

SABRES D'INFANTERIE

LOUIS XV

83 — Un glaive d'artillerie, fusée pleine en cuivre, se terminant par une tête d'aigle, croisière à deux quillons.

84 — Un glaive, même modèle que le précédent, croisière à deux quillons arrondis, pas de branches.

RÉPUBLIQUE

85 — Un glaive de l'École de Mars, 1794, sans fourreau.

86 — Un glaive d'artillerie, régiments suisses au service de la France, fusée pleine en cuivre, se terminant par une tête de léopard, croisière à deux quillons, lame de cimeterre.

CONSULAT

87 — Un sabre d'officier d'infanterie légère, une branche, demi-oreillon recouvrant le fourreau, fusée en ébène, garnitures du fourreau en cuivre argenté.

88 — Un sabre de sapeur, fusée en cuivre, pommeau en tête d'aigle, croisière à quillons en forme de volutes, fourreau en cuir, garnitures de cuivre.

EMPIRE

89 — Un sabre d'officier d'infanterie légère, une branche, 1812.

RESTAURATION

90 — Un glaive d'artillerie à pied, modèle 1816.

91 — Un glaive, même modèle que le précédent.

92 — Un sabre d'officier d'infanterie légère, 1re Restauration.

93 — Un sabre-glaive d'infanterie, modèle 1832.

94 — Un sabre-glaive, garde nationale, modèle 1832.

95 — Un sabre-glaive, garde nationale ; sur la croisière et en relief, le mot : *Liberté.*

1870

96 — Deux sabres-baïonnettes fusil Gras.

97 — Trois sabres-baïonnettes Chassepot.

ÉTRANGERS

98 — Un sabre-glaive, infanterie russe, dos en scie, 1854.

99 — Un sabre-baïonnette de chasseurs prussiens, 1870.

100 — Deux sabres d'infanterie badoise, 1870.

101 — Un sabre-glaive badois, 1870.

102 — Un sabre (musique allemande), 1870.

103 — Deux sabres prussiens, 1870.

104 — Un sabre-baïonnette du génie allemand, dos en scie, 1870.

105 — Un sabre Chassepot, 1870.

106 — Un sabre à une branche en fer, infanterie autrichienne, 1859.

FRANÇAIS

107 — Un sabre d'officier d'infanterie, garde nickelée, dernier modèle.

108 — Un sabre d'officier de cavalerie, garde à cinq branches cannelées, fusée en corne, calotte à queue, lame droite, fourreau en acier.

MARINE

109 — Deux sabres de marine, garde pleine en tôle d'acier, lame forte, modèles 1810 et 1836.

110 — Deux poignards de marine avec leurs gaines, modèle 1810.

111 — Deux piques d'abordage, modèle 1810.

112 — Deux haches d'abordage, modèle 1810 et 1836.

112 *bis*. — Haches d'abordage de quartier-maître.

Une affiche très curieuse de 1788 :

AVIS A LA BELLE JEUNESSE

5e régiment de chasseurs à pied.

Les jeunes gens qui désirent servir le Roi, ne peuvent trouver dans aucun corps l'avantage qu'ils rencontrent dans les troupes légères ; une haute paie de six deniers, un service aussi doux qu'agréable, et une subordination qui s'accorde parfaitement avec la légèreté des armes.

MONCEY, capitaine.

ARQUEBUSES, FUSILS, MOUSQUETONS

(XVIIe, XVIIIe, XIXe SIÈCLES)

113 — Un fusil hongrois à silex, époque Louis XIV, canon rayé et damasquiné argent, longueur 1 mètre 20 millim., calibre 25 millim ; sur la platine : *Johann Adam in Wienn ;* sur la poignée un blason en argent, surmonté d'une couronne de prince, garnitures en cuivre ciselé et ajouré (très belle pièce).

114 — Une très jolie arquebuse à rouet, fin Louis XIII, canon rayé et à pans, platine finement gravée, double détente, bois en noyer, crosse à joue.

115 — Un fusil de rempart, époque de Louis XV, batterie à silex, canons à pans, marqué : *S. E.,* surmontée d'une couronne royale.

116 — Une carabine à trois canons superposés, époque de Louis XV, garnitures en fer, très belles ciselures, bois sculpté.

117 — Un fusil double, batteries à silex, canon tordu, bleui et niellé or, fabrique de Saint-Etienne.

118 — Une carabine à silex, canon rayé et à pans sur toute sa longueur, garnitures en cuivre, lourde crosse avec joue, bois sculpté, époque de Louis XV.

119 — Une lourde carabine, double batterie à silex, deux canons à pans superposés, l'un rayé, l'autre lisse ; signés : *IOSS. BRETT, Wisser in Wien,* matricule 102 ; joue gravée en creux sur la crosse, garnitures en cuivre.

120 — Une carabine tromblon, canon en bronze et à pans, gueule ovale, dix fleurs de lys en croix sur le tonnerre, léopard au centre, crosse brisée et à charnières, époque de Louis XV.

121 — Une carabine tromblon, canon en cuivre à pans courts, batterie à silex, garnitures en cuivre ; sur la platine : *Ketland et Comp., London.*

122 — Une carabine rayée, canon à pans, se dévissant pour la charge, monture en cuivre, platine à tambour.

123 — Un fusil de dragon, modèle an IX, batterie à silex, garnitures en cuivre, double grenadière en fer.

124 — Un très beau fusil arabe du xviiie siècle, complètement garni en cuivre argenté et repoussé, canon damasquiné d'argent sur toute sa longueur, batterie à silex, platine finement gravée.

125 — Un fusil arabe, dit Moukala, canon à pans, batterie à silex, bois incrusté d'ornements en os.

126 — Un fusil arabe, comme le précédent, excepté pour les garnitures qui sont en argent repoussé et ciselé.

127 — Un très joli fusil arabe, canon à pans, batterie à silex, garniture en cuivre gravé, cinq grenadières en cuivre ajouré d'un bel effet.

128 — Un fusil de tir à percussion, platine à chaînette ; signé : *Maler, à Berne*, 30.

129 — Un fusil de tir se chargeant par la culasse, directrice sur le canon ; signature : *F. Bernard, à Saint-Gall*.

130 — Un fusil double à percussion, canons bronzés et à pans ; *Lepage, à Paris*.

133 — Un fusil double, système Lefaucheux, Besançon.

134 — Un mousqueton de cavalerie, système Gras, directrice sur le canon.

137 — Une carabine de cavalerie, système Remington, 1864.

138 — Un fusil à aiguille prussien, modèle 1867.

139 — Une carabine Lenoir, se chargeant par la culasse, levier à boucle.

140 — Un fusil à tabatière, anglais ; Tower, 1868.

141 — Une carabine Comblain, garniture en aluminium, directrice sur le canon ; *Galand, Paris*.

142 — Une carabine suisse, système Veterly.

143 — Un fusil américain, à percussion, modèle 1864, marqué sur la platine : *U. S. Trenton*.

144 — Un fusil français, modèle 1842, transformé en tabatière, canon et garnitures bronzés.

145 — Une carabine, système Werder, se chargeant par la culasse, double détente, canon et calibre du Chassepot, directrice, garnitures bronzées.

146 — Une carabine, système américain ; Sharps rifle new **model 1869** ; canon et garnitures bronzés.

147 — Une carabine Spencer, modèle 1865, canon et garnitures bronzés.

148 — Une carabine Remington, directrice sur le canon, le tout bronzé.

149 — Un fusil système Chassepot, canon bronzé, directrice, levier en acier poli, bois noir.

150 — Un petit mousqueton à percussion centrale, système américain; signé : *Joalins Patent,* octobre 1862 et 1864.

151 — Un petit mousqueton de cavalerie française, modèle 1816, garnitures en cuivre.

152 — Un mousqueton Spencer, modèle 1865.

153 — Un mousqueton prussien, à aiguille, modèle 1858.

154 — Un petit mousqueton autrichien, batterie à silex, canon épais et rayé, sous-garde en bois, recouverte en cuivre, joue ornée de sculptures, porte-bretelle.

154 *bis* — Carabine rayée de Châtellerault, Empire.

154 *ter* — Fusil, système Gras, petit calibre et baïonnette.

PISTOLETS ET REVOLVERS

LOUIS XIV

155 — Paire de pistolets, platines à silex, canons longs, calottes à cabochons, garnitures en cuivre ciselé et gravé, bois sculpté; signés : *N. Bosset.*

156 — Paire de pistolets, même époque, en mauvais état.

156 *bis* — Pistolet à deux canons superposés, tournant sur pivot, à silex.

LOUIS XV

157 — Paire de pistolets, canons cannelés jusqu'au milieu, platines à silex, garnitures en argent, bois sculpté; signés: *Girard le jeune.*

158 — Très belle paire de pistolets espagnols, 1746, platines à la Miquelet, canons à pans jusqu'au milieu, incrustations or, garnitures en cuivre ciselé, cabochons en argent sur les contre-platines, poignées et calottes; bois sculpté, crochets de ceinture.

159 — Paire de pistolets, platines à silex, canons à pans jusqu'au milieu, incrustations or, crosses à pans, calottes en forme de volutes, bois sculpté ; signés : *Mézières*.

160 — Paire de pistolets, platines à silex, bandes plates sur les canons, garnitures en fer, contre-platines ciselées et ajourées, calottes pleines à cabochons, bois sculpté, 1730.

161 — Paire de pistolets, platines à silex, canons à pans jusqu'au milieu, incrustations en cuivre, calottes en pointes, platines et garnitures gravées.

161 bis — Petite escopette à silex, incrustation de nacre et d'or, garniture en cuivre ciselé.

162 — Paire de pistolets, montures et garnitures en fer, quatre canons rayés et accouplés, deux platines à silex, quatre bassinets engagés sur les canons.

163 — Paire de pistolets de cavalerie, canons longs à petits pans cannelés, contre-platines gravées et ajourées, calottes en cabochons ; signés : *Tasnière, à Besançon*.

164 — Paire de pistolets, platines à silex, canons à pans courts et gravés, calottes en têtes de léopards, garnitures en cuivre, contre-platines gravées.

165 — Paire de pistolets, platines à silex, canons à petits pans, ciselures sur les contre-platines, calottes en cuivre ; signés : *F. Bon, à Lons-le-Saunier*.

166 — Deux éprouvettes, garnitures en fer.

167 — Un pistolet de poche, balle forcée, crosse en cuivre gravé.

168 — Un pistolet-bijou, canon à pans et niellé or, blason et couronne en argent sur la poignée, crosse en bec de faucon ; signé : *Rouguier Cuomettant*.

169 — Un pistolet, platine à silex, garnitures en fer.

170 — Un long pistolet, système revolver, quatre canons, platine à silex, garnitures et calotte en acier poli et gravé.

171 — Paire de pistolets tromblons, à silex, canons en cuivre à gueules ovales, montures dites à l'Écossaise ; signés : *G. J., à Paris*.

172 — Un petit pistolet, balle forcée, calotte en argent à tête de léopard.

172 bis — Pistolet rayé à silex et à pans.

173 — Un pistolet d'officier de cavalerie, canon long, contre-
platine en fer ciselé et découpé, calotte en fer à cabo-
chon, baguette en corne.

LOUIS XVI

174 — Un pistolet arabe, platine gravée, calotte en cuivre,
embouchoir en argent repoussé.

175 — Paire de pistolets, canons courts et à pans, incrustations or, garnitures en fer, calottes plates et gravées;
signés : *Chaillot, à Dijon.*

176 — Un pistolet, balle forcée, garnitures en fer.

177 — Un pistolet, balle forcée, tout en fer, gravures ; signé :
S. E. Glas.

178 — Paire de pistolets de cavalerie ; modèle 1777, corrigé,
dit à la Mandrin.

179 — Paire de pistolets, fabrique anglaise, monture dite à
l'Ecossaise ; signés : *Weeler.*

180 — Paire de pistolets, canons rayés et superposés, monture à l'Écossaise (1), gravures.

181 — Un pistolet, double garniture en fer, deux batteries,
monture à l'Écossaise.

182 — Un pistolet de poche à deux coups, balle forcée,
monture à l'Écossaise.

183 — Paire de pistolets, canons ciselés, garnitures en cuivre
doré, guidons en argent, bois sculpté. (*Ces armes ont
appartenu au général Moreau*).

184 — Paire de pistolets tromblons, bouches ovales, canons
en cuivre et à pans courts, baïonnettes triangulaires se
rabattant sur les canons et maintenues par une coulisse
engagée dans la poignée (fabrique anglaise).

184 *bis*. — Paire de pistolets tromblons, à bouches cylin-
driques.

185 — Pistolet de grosse cavalerie, modèle an IX.

185 *bis* — Paire de pistolets de grosse cavalerie.

---

(1) La monture dite à l'Écossaise consiste en ce que le ou les chiens,
ainsi que les bassinets, se trouvent placés sur la partie supérieure de
l'arme en prolongement du ou des canons, il y a donc deux contre-
platines.

EMPIRE ET RESTAURATION

186 — Un pistolet à quatre coups et à percussion, modèle anglais, canon en cuivre.

187 — Paire de pistolets, canons doubles, monture à l'Écossaise.

188 — Paire de pistolets, dits coups-de-poing, balle forcée, crosse en ébène.

189 — Paire de pistolets de poche, balle forcée, crosses cannelées en ébène, calottes en acier.

190 — Paire de pistolets de tir, canons rayés et à pans, crosses ovoïdes, calottes en acier.

191 — Paire de revolvers à six coups, garnitures en argent, chiens sans crêtes placés sur les canons, 1866. (*Ces armes ont appartenu au président Juarès.*)

192 — Paire de pistolets, platines à silex, canons à pans, calottes en fer; signés : *Jalabert Lamotte.*

193 — Paire de pistolets, modèles 1822, garnitures et calottes en cuivre.

194 — Paire de pistolets, balle forcée, fabrique française, canons se dévissant pour la charge.

195 — Un pistolet de tir, canon à pans, bois noir.

195 *bis* — Un pistolet de tir, canon à pans, bois noir.

LOUIS-PHILIPPE

196 — Paire de pistolets, canons rayés et à rubans, doubles chiens à têtes de léopards, platines gravées, calottes à anneaux; sur la platine : *A Saint-Etienne.*

197 — Paire de pistolets de cavalerie, modèle 1842.

198 — Un revolver coup-de-poing, six canons.

199 — Paire de pistolets de cavalerie légère, modèle 1842, fabrique de Châtellerault.

NAPOLÉON III

200 — Un revolver coup-de-poing, cinq canons, percussion centrale.

201 — Paire de revolvers Remington, modèle donné **aux** officiers de cavalerie au début de la guerre, en 1870.

202 — Paire de pistolets à quatre canons, percussion centrale.

203 — Un pistolet à percussion, cavalerie prussienne, 1870; marque : *HUR, b.* 46, garniture en cuivre.

COUTEAUX DE CHASSE, YATAGANS, POIGNARDS

204 — Un grand yatagan albanais, poignée et fourreau en plaqué argent repoussé.

205 — Deux grands couteaux catalans.

206 — Un couteau de chasse Louis XV, fusée en nacre chargée de trois boutons en argent ciselé; croisière et chaînette en argent ainsi que les garnitures du fourreau, lame large, gravée.

207 — Deux petits couteaux de chasse, fusées en os, teintées en vert.

208 — Un petit poignard, manche en corne de cerf.

209 — Un couteau de chasse Louis XV, garnitures en cuivre, une branche, coquille rabattue sur le fourreau.

210 — Un couteau de chasse Louis XVI, fusée en ivoire, une branche coudée carrément sur la croisière; coquille dorée rabattue sur le fourreau.

211 — Un couteau de chasse de l'Ecole forestière, 1854, quillons en tête d'aigle.

212 — Un couteau de chasse Louis XV, croisière à deux quillons arrondis, coquille cannelée, rabattue sur le fourreau.

213 — Deux poignards, fusée en nacre, garnis de cuivre.

214 — Deux petits stylets avec leurs fourreaux.

215 — Deux petits poignards.

216 — Un petit poignard espagnol tout en fer, à quatre quillons ovoïdes, garde en forme de croix.

217 — Deux poignards à manches en pattes de coq.

218 — Deux poignards.

218 *bis* — Poignard à garde en cuivre, forme croix.

219 — Deux poignards, fusée en corne d'élan, fourreaux en cuivre.

220 — Un couteau de chasse Louis XV, fusée en corne noire, croisière en acier.

221 — Une lame de couteau de chasse, ornée de chiens et gibiers.

222 — Un joli couteau corse avec sa gaîne.

223 — Un grand couteau, manche en corne de cerf.

223 *bis* — Couteau de chasse, manche corne de cerf.

PERTUISANES, HALLEBARDES, ESPONTONS, ETC.

224 — Quatorze hallebardes, espontons et piques du xviie et du xviiie siècle, n°s 224 à 238.

239 — Deux hallebardes, fin du xviiie siècle, longues hampes à clous dorés.

240 — Une hallebarde avec croisière en forme de hache et crochet, garde du drapeau, 1810.

241 — Une hallebarde à fer d'esponton cannelé, renflée aux ailerons.

242 — Une longue pique, dite arme nationale, 1793.

243 — Une pique en forme d'esponton, xviiie siècle.

OBJETS CHINOIS, ARABES ET BIRMANS

245 — Deux petits fauchards chinois en acier, garnitures en bronze ciselé, hampe en bois de fer.

246 — Une lance à lame flamboyante.

247 — Deux tridents en acier, garnitures en bronze ciselé.

248 — Une zagaie très longue, du centre de l'Afrique.

249 — Deux javelines du Zoulouland.

250 — Un casse-tête en bois de fer de l'Afrique centrale.

251 — Une armure japonaise, faite de petites plaques de métal recouvertes de drap vert; gantelets laqués, chaussures; une paire de sabres, deux arcs et un carquois garni de ses flèches, une lance garnitures cuir et cuivre avec son fourreau.

252 — Un sabre japonais, fourreau laqué rouge.

252 *bis* — Un sabre japonais, fourreau laqué rouge.

253 — Une robe chinoise avec ornements bleus sur fond jaune.

254 — Une robe bleu de Mandarin.

255 — Un poignard, fusée en bois tourné, tresses retenant le fourreau.

256 — Deux poignards birmans, garnitures en cuivre repoussé, fourreaux en écaille verte et brune.

257 — Quatre couteaux arabes à poignées de fer incrustées de cuivre, fourreaux en bois sculpté.

258 — Un petit yatagan, poignée et fourreau en argent repoussé.

259 — Quatre paires de babouches algériennes en velours brodé d'or.

260 — Un grand parasol.

261 — Un chapeau arabe et son voile.

262 — Deux petits sabres algériens, poignées argent repoussé, fourreaux en bois.

263 — Un grand flissah arabe, poignée en fer, fourreau en bois.

263 *bis* — Un petit flissah arabe.

OBJETS DIVERS

264 — Une poire à poudre, gravure en creux sur les plats, garnitures en fer, crochet de ceinture.

265 — Une grande poire à poudre, Mousquetaire, gravures en creux représentant Hercule poursuivant un lion, garnitures en cuivre.

266 — Une paire de fleurets, garnitures en cuivre, pommeaux à tète de léopard.

267 — Une trompe de chasse avec pavillon à tête de boa.

268 — Deux coqs gaulois en bronze doré, 1835.

269 — Un aigle en bronze doré, 1852.

270 — Un canon en fonte, longueur : 70 cent , an 1782.

271 — Une hache à manche de fer.

271 *bis* — Deux sonnettes anciennes.

273 — Une marmite en bronze du xie siècle, trouvée dans le Doubs.

274 — Une immense hallebarde en cuivre, avec semis d'attributs religieux en relief.

275 — Une petite pièce d'artillerie, modèle 1853, avec son avant-train (échelle du 10e.)

276 — Une petite pièce d'artillerie, se chargeant par la culasse, dernier modèle, avec son avant-train (échelle du 10e.)

277 — Une paire d'éperons mexicains en cuivre, molettes rayonnantes à longues pointes.

278 — Un éperon en cuivre rouge, même provenance.

279 — Une paire d'éperons mexicains, petit modèle, plaqués d'argent : *ils ont appartenu à Juarès.*

280 — Une plaque de ceinturon en cuivre doré, xviiie siècle, trophée et écusson au centre, avec initiales gravées.

281 — Un lot de 12 lames de sabres, dont une de cavalerie légère.

282 — Un éperon arabe en acier poli.

282 *bis* Un éperon.

283 — Un modèle réduit (1 mètre 30 cent. de longueur), d'un navire à trois mâts, deux rangs de canons ; à la proue, une sirène en bois sculpté et doré ; à la poupe, au-dessous de la galerie, l'inscription suivante : *THE GRACFORT* (sous vitrine.)

285 — Une pirogue chinoise laquée, 45 cent. de longueur.

286 — Un hausse-col en bronze, Henri IV.

287 — Deux cartouchières mexicaines, dont une arabe, et deux étriers.

288 — Une grande trompette en roseau, Afrique centrale, et deux calebasses.

289 — Deux poires à poudre en corne grise et noire.

290 — Un plat à kava (Océanie occidentale).

291 — 23 modèles de fer à cheval en acier.

292 — 22 modèles d'étriers en cuivre, fer et acier.

293 — Une paire de fleurets et un lot de baïonnettes.

Collection de fers à cheval.

Collection d'étriers : France, Allemagne, Afrique, Russie, etc.

299 — Lampe israélite en cuivre.

300 — Une gourde en cuir et un bracelet.

301 — Gourde en bois sculpté.

302 — Vieux cadenas.

303 — Statuette de César. Reproduction.

304 — Bahut du XVIe siècle, en bois sculpté.

305 — Lustre à 12 lumières, composé avec des baïonnettes et des pistolets, rosace de plafond faite avec douze glaives.

306 — 20 décorations françaises et étrangères.

307 — Médaille de garde du feu.

308 — Deux hausse-cols et deux plaques.